Gebäudereinigung kompakt

Grundlagenwissen der Hygiene

HOLZMANN.MEDIEN

1. Auflage 2021
© 2021 by Holzmann Medien GmbH & Co KG,
86825 Bad Wörishofen

Alle Rechte, insbesondere die der Vervielfältigung, fotomechanischen Wiedergabe und Übersetzung, nur mit Genehmigung des Verlags.

Das Werk darf weder ganz noch teilweise ohne schriftliche Genehmigung des Verlags in irgendeiner Form (Druck, Fotokopie, Mikrofilm, elektronische Medien oder ähnliches Verfahren) gespeichert, reproduziert oder sonst wie veröffentlicht werden.

Lektorat: Achim Sacher, Holzmann Medien | Buchverlag
Layout/Satz: Markus Kratofil, Holzmann Medien | Buchverlag
Druck: Druckerei Steinmeier, Deiningen
Bildquelle/Umschlag: © Bernd Kröger/Fotolia.de
Artikel-Nr. 1602.01
ISBN: 978-3-7783-1565-1

Der vorliegende Band 4 der Ratgeberreihe „Gebäudereinigung kompakt" ist dem Thema „Hygiene" gewidmet. Ein umfassendes Thema, bei dem wiederum versucht wurde, verschiedene wichtige Aspekte kurz und knapp zu erläutern. Basiswissen aus der Praxis, gepaart mit einigen theoretischen Aspekten, soll dem Quereinsteiger einen Überblick über die Grundlagen der Hygiene vermitteln und dem erfahrenen Gebäudereiniger die Möglichkeit geben, die komplexen Themen zusammengefasst dargestellt zu bekommen.

Bei der Beachtung von Hygienemaßnahmen, vor allem aber bei der Desinfektion treten in den jeweiligen Objekten immer wieder Fragen zur Durchführung von Hygienemaßnahmen auf. Weiterer Anwendungsfall: Man möchte sich vor Ort kurz und bündig ein weiteres Mal über einen korrekten Handlungsablauf vergewissern. Dann ist dieser Hygiene-Ratgeber aus der „Gebäudereinigung kompakt"-Reihe richtig angewandt.

Der vorliegende Band 4 der Ratgeberreihe soll als Hilfsmittel in der Ausführung von bestimmten Tätigkeiten verstanden werden. Nicht zu vergessen ist dabei jedoch stets die Eigenverantwortung, die bei der Durchführung von Hygienemaßnahmen selbst getragen werden muss – sowohl bei der Ausführung der Arbeiten gegenüber Kunden als auch gegenüber den eigenen Kollegen und den im Objekt verbauten Werkstoffen.

Ein besonderer Dank geht an Michael Borgstedt und André Methner für abendfüllende Diskussionen zum Thema Hygiene.

Viel Freude bei der Lektüre und stets eine hygienische Reinigung wünscht

Sascha Hintze

Inhalt

Vorwort 5

1. Allgemeines zur Hygiene, Geschichte 11
2. Maßnahmen der Hygiene.. 13
3. Gefährliche Krankheiten 15
4. Robert Koch und das Institut....................................... 17
5. VAH-Liste 18
6. Hygienekommission 19
7. HACCP-Konzept... 20
8. Schmutz, Allgemeines zum Schmutz 22
9. Viren 23
10. Bakterien 24
11. Pilze 26
12. Reinigung... 27
13. Sanitation 29
14. Desinfektion.. 30
15. Sterilisation... 31

16.	Ausführung von Reinigungsarbeiten zur Desinfektion, Einwirkzeit...	32
17.	Fehlerquellen bei der Desinfektion............................	34
18.	Reinigungsarbeiten in Krankenhauszimmern...........	36
19.	Hautschutzplan	41
20.	Richtiges Aufsetzen der Schutzmaske	44
21.	Handschuhe, Trageweise und Tragedauer	46
22.	Hygiene im Betrieb und beim Kunden	49
23.	Hygienemaßnahmen im Betriebs-Kfz	55
24.	Personalhygiene...	57
25.	Aufrechterhaltung der Hygiene durch ausreichende Handhygiene	59
26.	Allgemeine Hygiene: Was kann jeder Einzelne tun?	62
27.	Materialwartung	67
28.	Abklatschtest	68
29.	Unterschied Reinigungsmittel, Desinfektionsmittel und Desinfektionsreiniger.........	71

30.	Tipps zur Anwendung und Einwirkzeit von Desinfektionsmitteln	77
31.	Hygieneplan	79
32.	Verweis auf DIN Krankenhaushygiene	81
33.	Verweis auf Schulreinigung	82
34.	Abfallentsorgung	83
35.	Schädlinge in der Hygiene	86
36.	Gefährdungsbeurteilung	88
37.	Pandemieplan	90

Weiterführende Literatur und Quellen 94

Der Autor 96

1. Allgemeines zur Hygiene, Geschichte

Allgemein wird der Begriff „Hygiene" mit Sauberkeit und Reinlichkeit gleichgesetzt.

Dabei stammt der Begriff Hygiene aus dem Altgriechischen und bedeutet „Gesundheit" und der „Gesundheit dienend".

Heute bezeichnen wir mit Hygiene die Lehre von der Gesunderhaltung des Einzelnen und der Allgemeinheit. Hierfür wird die Gesamtheit aller Maßnahmen betrachtet, die dazu dienen, die Gesundheit zu erhalten und Infektionskrankheiten sowie Epidemien und Pandemien zu bekämpfen.

Dabei ist die Epidemie im Gegensatz zur Pandemie örtlich beschränkt.

Epidemie: zeitlich und örtlich begrenztes Auftreten einer Krankheit mit gleicher Ursache.

Pandemie: zeitlich begrenztes, weltweites (großes Gebiet) Auftreten einer Krankheit mit gleicher Ursache; aktuelles Beispiel ist die Corona-Pandemie.

Die Geschichte der Hygiene wurde geprägt von vielen Erkenntnissen und Entwicklungen über die Jahrhunderte hinweg. Für die Entwicklung war nicht nur ein erstes Umweltbewusstsein notwendig, dass Unrat und Fäkalien nicht auf die Straße gehören, sondern auch Körper- und Kleiderpflege. Dennoch hätte sich die Hygiene nicht entwickeln können, wäre nicht beispielsweise das Mikroskop im 16. Jahrhundert durch den niederländischen Optiker Hans Janssen mittels Positionierung mehrerer gläserner Linsen entwickelt worden.

Einen der größten Meilensteine stellte jedoch die Händedesinfektion dar, die durch den Arzt Ignaz Philipp Semmelweis um 1847 eingeführt wurde. Semmelweis wies sein Personal an, die Hände mit Chlorkalk zu desinfizieren. Trotz des Erfolgs bei der Senkung der Mortalität (Sterblichkeit) unter den Patienten stieß Semmelweis bei seinen Kollegen auf erheblichen Widerstand. In der Folge wurden seine Hygieneregeln wieder aufgehoben.

2. Maßnahmen der Hygiene

Welche Maßnahmen sollten zur Hygiene getroffen werden?

Hygienemaßnahmen sollen immer präventiv sein und somit Krankheiten vorbeugen. Im Vordergrund stehen hierbei der Mensch selbst und eine gesunde Lebensweise.

Eine gesunde Lebensweise fußt dabei auf vier Säulen:

(1) sauberes Trinkwasser
(2) unverdorbene Lebensmittel
(3) Entsorgung (Abfall, Fäkalien)
(4) persönliche Hygiene.

Sauberes Trinkwasser war bereits in der Antike der Schlüssel für Reichtum und das Ansehen einer Stadt oder einer Region. Nicht selten wurden Quellen als Kultstätten verehrt, und umso größer war im Mittelalter die Angst vor vergifteten Quellen und Brunnen.

Unverdorbene Lebensmittel, die in ausreichender Menge vorhanden sind, stärken und kräftigen unseren Organismus und tragen zu einem intakten Immunsystem bei.

Abfall und somit Entsorgung sind genauso alt wie die Menschheit selbst. Schon immer wurde dabei nach Lösungen gesucht. Allerdings ist unser modernes Abfallsystem noch gar nicht so alt. Erst im Jahre 1957 wurde zum Beispiel durch das Wasserhaushaltsgesetz verboten, „Abfälle in Gewässer zu kippen".

Die persönliche Hygiene als vierte Säule wird oftmals als „normal" verstanden.

Hierzu zählen aber nicht nur die regelmäßige Körperpflege, bestehend aus Waschen, Haarpflege (auch Rasur oder Bartpflege) und die Pflege der Hände (Hautschutz), sondern auch der Bereich, der den Körper vor Krankheiten schützt.

Dazu gehören also auch die Pflege der Bekleidung und eventueller Schutzausrüstungen und zwar vor, während und nach einer Tätigkeit.

Die Berücksichtigung der vier Säulen für eine gesunde Lebensweise kann so Krankheiten präventiv vorbeugen und die Lebenskraft aufrechterhalten.

3. Gefährliche Krankheiten

Mit zu den gefährlichsten Krankheiten, die die Menschheit bedrohen, gehören unter anderem:

MERS-CoV: Führt beim Menschen zu einer schweren Infektion der Atemwege mit einer Letalität (Sterblichkeit) von ca. 37 %.

Krim-Kongo-Fieber: Durch Zecken übertragene Viruserkrankung, die zu einer erhöhten Blutungsneigung führt. Die Letalität in Abhängigkeit von der Versorgung der Erkrankten liegt bei 10 - 50 %.

Ebola-Fieber: Viruserkrankung, die zu Fieber und erhöhter Blutungsneigung führt. Die Letalität liegt bei ca. 50 %.

Marburg-Fieber: Infektionskrankheit einhergehend mit hohem Fieber, die Letalität liegt bei ca. 25 %.

Pest: Durch Bakterien ausgelöste Infektionskrankheit, die von Rattenflöhen auf den Menschen übertragen werden kann. Führt meist zu einer schwarz-bläulichen Hautfärbung. Die Letalität ohne Behandlung liegt bei 95 %.

SARS: Schweres Atemwegssyndrom, das auslösende Virus gehört zur gleichen Virusfamilie wie das Coronavirus.

Malaria: Durch die Anophelesmücke übertragene parasitäre Krankheit mit starken Fieberschüben. Unbehandelt liegt die Letalität bei ca. 20 %.

4. Robert Koch und das Institut

Das **Robert-Koch-Institut,** kurz RKI, wurde im Jahr 1891 als Königlich Preußisches Institut für Infektionskrankheiten gegründet mit dem Ziel der Verbesserung der Gesundheit in der Bevölkerung durch Erkennen, Verhüten und Bekämpfen von Krankheiten.

Robert Koch (1843 - 1910) gelang durch verschiedene Experimente, die in Ruheform befindlichen Bakterien nachzuweisen, die Milzbrand auslösen. 1880 wurde Robert Koch dann Direktor des „Kaiserlichen Gesundheitsamtes".

Heute ist das RKI für die Erkennung, Verhütung und Bekämpfung von Krankheiten, insbesondere von Infektionskrankheiten, als zentrale Einrichtung der Bundesregierung auf dem Gebiet der Krankheitsüberwachung und -prävention zuständig.

5. VAH-Liste

Immer wieder taucht bei Desinfektionsmitteln der Begriff der VAH-Listung auf. Doch was bedeutet das?

Die VAH-Liste steht für das Verzeichnis der vom VAH geprüften Desinfektionsmittel und Verfahren.

Dabei steht die Abkürzung VAH für den **V**erbund für **A**ngewandte **H**ygiene e. V.

Die hier aufgelisteten Produkte wurden Prüfungen mit verschiedenen Methoden und Kriterien unterzogen, um deren Wirksamkeit nachzuweisen.

6. Hygienekommission

Die Kommission für Krankenhaushygiene und Infektionsprävention entwickelt Leitlinien zur Krankenhaushygiene und Infektionsprävention. Grundlage hierzu bildet das Infektionsschutzgesetz. Das Infektionsschutzgesetz soll dazu dienen, übertragbare Krankheiten beim Menschen vorzubeugen, Infektionen frühzeitig zu erkennen und ihre Weiterverbreitung zu verhindern. Hierzu zählt neben dem Festlegen von betrieblich-organisatorischen Maßnahmen auch die Beschreibung der baulich-funktionellen Maßnahmen.

7. HACCP-Konzept

Ein HACCP-Konzept dient der Anwendung der Grundsätze der Gefahrenanalyse und der Überwachung kritischer Kontrollpunkte, um allgemeine Grundlagen für die hygienische Herstellung von Lebensmitteln für den Verbraucher sicherzustellen. Die Abkürzung steht hierbei für

Hazard	=	Gefahr
Analysis	=	Analyse
Critical	=	kritisch, bezogen auf den Verbraucher
Control	=	(lenken, steuern, beherrschen) Kontrolle
Point	=	Punkt, Schritt im Herstellungsprozess.

Hierbei finden **sieben Grundsätze** ihre Anwendung:

(1) Ermittlung und Analyse möglicher Gefahren
(2) Erkennung kritischer Lenkungspunkte (CCPs)
(3) Bestimmung von Grenzwerten
(4) Einrichtung von Überwachungsmaßnahmen
(5) Festlegung von Korrekturmaßnahmen
(6) Überprüfung und Kontrolle der Maßnahmen
 (= Verifizierungsmaßnahmen)
(7) Dokumentation durchgeführter Maßnahmen.

Bei der Ermittlung möglicher Gefahren sind auch Reinigungs- und Desinfektionsmaßnahmen festzulegen.

Grundlage für das HACCP-Konzept ist die Verordnung (EG) Nr. 852/2004 des Europäischen Parlaments und des Rates der Europäischen Union über Lebensmittelhygiene.

8. Schmutz

Schmutz ist abgeleitet von dem Wort „smuz" aus dem 13. Jahrhundert, was so viel bedeutete wie „beflecken".

Schmutz bezeichnet in der Gebäudereinigung die Belegung einer Oberfläche oder eines Werkstoffes mit einer unerwünschten Materie zu einem festgelegten Zeitpunkt; sie unterliegt einer subjektiven Einschätzung.

Schmutz: „falsche Materie zur falschen Zeit am falschen Ort".

Vergleichbar mit Graffiti: „falsche Bemalung zur falschen Zeit an falscher Fassade".

Soll Schmutz objektiv bewertet werden, so stehen hierzu unterschiedliche Methoden zur Verfügung:

- Definition von unerwünschten Partikeln in Art und Menge (z. B. Anzahl von tolerierbaren Papierstanzteilchen aus einem Locher),
- Messung von Eiweißrückständen auf Oberflächen als Indikator für eine durchgeführte Reinigung,
- Partikelzähler, um Staubmengen unterschiedlicher Größe in der Raumluft zu messen.

9. Viren

Viren sind Krankheitserreger, die für ihre Vermehrung auf geeigneten Wirtszellen angewiesen sind.

Als Wirt dienen hierbei unterschiedliche Organismen. Die Viren suchen sich eine geeignete Wirtszelle. Viren können unterschiedliche Wirtszellen befallen (Pflanzen, Pilze, Tiere, Menschen und Bakterien). Viren fehlt ein wichtiger Zellbestandteil, die Zellwand. Daher sind sie nicht zu einem eigenen Stoffwechsel fähig. Viren tragen die Erbinformationen (DNS oder RNS) in sich, die für den Aufbau ihrer Bestandteile und so für ihre Vermehrung notwendig sind. Sie schleusen diese auf unterschiedlichen Wegen in den Stoffwechsel der befallenen Wirtszelle ein. Dadurch wird die Wirtzelle dazu gebracht, in sich selber neue Viren zu produzieren. Beim Zerfall der Wirtszelle werden diese Viren dann freigegeben.

10. Bakterien

Bakterien sind mikroskopisch kleine Einzeller. Bakterien können beim Menschen Infektionskrankheiten auslösen, die mehr oder weniger gefährlicher sein können. Eine Behandlung erfolgt, sofern notwendig, in der Regel mittels eines Antibiotikums.

Bakterien werden unter anderem unterschieden in:

- **Stäbchen,** das sind Bakterien, die sich durch eine lang gestreckte, stäbchenförmige Gestalt auszeichnen, und
- **Kokken,** das sind Kugelbakterien. Sie erscheinen zum Teil rund, können aber auch eine leicht längliche bis eiförmige Form aufweisen.

Weiteres Unterscheidungsmerkmal ist die sogenannte Gram-Färbung: Das ist eine Methode zur Einteilung von Bakterien in gram-positiv oder gram-negativ durch Färbeverhalten.

Bakterien vermehren sich durch Zellteilung. Wenn hierbei Mutationen entstehen, kann dies zum Beispiel zu einer Resistenz führen, welche besonders für den Einsatz von Antibiotika wichtig ist.

Um die Wirksamkeit eines Antibiotikums testen zu können, werden im Labor sogenannte Antibiogramme zur Bestimmung von möglichen Resistenzen erstellt.

Hierbei werden auf einem Nährboden unterschiedliche Antibiotika aufgebracht, um zu prüfen, wie ein Krankheitserreger darauf reagiert.

11. Pilze

Pilze (griech. mykes = Pilz) gehören neben Bakterien, Viren und Parasiten zur Gruppe der sogenannten „opportunistischen Erreger". Opportunistisch bedeutet, dass diese Art der Erreger in der Regel die „Gelegenheit" (lat. opportunitas) ergreift, wenn das Immunsystem des Körpers geschwächt ist und ihr Wachstum und ihre Vermehrung so erleichtert werden. Erkrankungen, die durch Pilze ausgelöst werden, nennt man Mykosen.

Pilze verfügen über einen Zellkern. Die Vermehrung erfolgt durch Zellteilung und ist abhängig von der bevorzugten Umgebung bezogen auf Temperatur, Licht und Feuchtigkeit.

12. Reinigung

Reinigung ist grundsätzlich das Entfernen von Schmutz.

Bei der Reinigung wird der Schmutz bzw. die Verschmutzung von einer Oberfläche oder einem Werkstoff aufgenommen und dauerhaft entfernt.

Dies geschieht durch unterschiedliche Hilfsmittel. In Anlehnung an den Sinner'schen Kreis sind dies:

a) Erkennen von Materie als Schmutz.

b) Auswahl eines geeigneten Verfahrens, bestehend aus Mechanik (Fegen) und/oder Reinigungschemie und Mechanik (nass scheuern), um den Schmutz aufzunehmen, ohne die Oberfläche, auf der sich der Schmutz befindet, zu schädigen.

c) Aufnahme des Schmutzes.

d) Entsorgung.

Die Reinigung erreicht im Optimalfall eine Keimreduktion von 90 %. Nach der Reinigung bleiben beispielsweise von 1.000.000 Keimen 100.000 Keime übrig.

Die Reinigung umfasst hierbei allerdings nicht nur die Reinigung einer vorher definierten Oberfläche oder eines Werkstoffes, sondern endet erst mit der Aufbereitung der verwendeten Hilfsmittel.

- Entsorgung der Schmutzflotte,
- Verbringung der genutzten Reinigungstextilien zur Aufbereitung,
- Reinigung sonstiger Gerätschaften und Maschinen,
- Aufbereitung der Arbeitsbekleidung (auch Schuhwerk),
- Hand- und Hautschutz.

13. Sanitation

Die Sanitation umfasst Reinigungsmaßnahmen, die über die üblichen Reinigungsarbeiten hinausgehen, um eine höhere Reduktion an Keimen zu ermöglichen. Bei der Reinigung wird üblicherweise eine **Keimreduktion von bis zu 90 %** erreicht. Um eine über der Reinigung liegende Keimreduktion zu erreichen, werden Desinfektionsmittel und/oder Desinfektionsreiniger oder sonstige Mittel mit desinfizierender Wirkung verwendet, bei denen zumeist dann aber nicht die vom Hersteller vorgegebene Einwirkzeit berücksichtigt wird oder berücksichtigt werden kann.

Vereinfacht gesprochen wird eine Desinfektion durchgeführt ohne Desinfektionserfolg aufgrund der Tatsache, dass ein Raum zu früh betreten wird.

14. Desinfektion

Unter Desinfektion versteht man alle Maßnahmen, die nachweislich dazu dienen, krankheitsverursachende Mikroorganismen in einen nicht infektiösen Zustand zu versetzen.

Unter Flächendesinfektion versteht man die systematische Keimreduktion auf Oberflächen mit einem für den Desinfektionserfolg geeigneten Mittel unter Einhaltung der vom Hersteller vorgegebenen Einwirkzeit und Konzentration. Wichtig ist, dass Textilien, die bereits einmal mit einer Desinfektionslösung getränkt wurden, kein zweites Mal in die Desinfektionslösung eingetaucht werden.

Durch die Desinfektion wird eine Keimreduzierung von 99,999 % erreicht, dies entspricht einem Reduktionsfaktor (RF) von 5. Nach der Desinfektion bleiben somit von 1.000.000 Keimen lediglich 10 Keime übrig.

15. Sterilisation

Im Gegensatz zur Desinfektion wird durch Sterilisation die Abtötung aller Mikroorganismen inkl. ihrer Dauerformen erreicht. Das heißt, dass alle vermehrungsfähigen Mikroorganismen irreversibel geschädigt werden.

Nach der Sterilisation bleiben somit von 1.000.000 Keimen keine Keime übrig, was einem Reduktionsfaktor (RF) von 6 entspricht.

16. Ausführung von Reinigungsarbeiten zur Desinfektion, Einwirkzeit

Desinfektionsmittel wirken dadurch, dass sie:

a) Eiweiß denaturieren (Aldehyde, Alkohole),
b) eine Schädigung der Zytoplasmamembran bewirken (Alkohole, Chlorhexidin) oder
c) eine oxidierende Wirkung haben (Chlor, Ozon, Persäuren).

Vor der Ausführung von Desinfektionsmaßnahmen auf Flächen ist Folgendes zu beachten:

a) Auswahl des Desinfektionsmittels.
b) Überprüfung der Haltbarkeit des Desinfektionsmittels.
c) Überprüfen der Oberflächentemperatur gemäß der vom Hersteller vorgegebenen Temperaturbereiche.
d) PSA (persönliche Schutzausrüstung) berücksichtigen.
e) Erstellen der vom Hersteller vorgegeben Desinfektionslösung.
f) Prüfen der zu desinfizierenden Oberfläche auf grobe Verschmutzungen. Diese sind im Vorfeld durch Reinigung zu entfernen.
g) Nach Reinigung Aufbringen des Desinfektionsmittels. Dabei ist auf eine vollständige Benetzung zu achten! Nur wenn die Oberflächen vollständig mit der Desinfektionslösung belegt wurden, kann ein optimaler Desinfektionserfolg erzielt werden.
h) Reinigungstextilien nur einmal in die Desinfektionsflotte eintauchen!
i) Einwirkzeit beachten. Jeder Hersteller benennt für sein Desinfektionsmittel eine Einwirkzeit. Die Einwirkzeit ist die Zeit, in der die desinfizierenden Substanzen auf der Oberfläche verweilen. Ein „ständiges Feuchthalten" in dieser Zeit ist nicht erforderlich
j) Dokumentation der Desinfektion.

17. Fehlerquellen bei der Desinfektion

a) **Dosierfehler.** Ein Dosierfehler bezeichnet den Fehler, der entstehen kann, wenn eine zu niedrige Desinfektionsmittelkonzentration zu einem Wirkungsverlust führt. Eine zu hohe Dosierung kann zu Geruchsbelästigung und anderen störenden Faktoren (bis hin zu Allmählichkeitsschäden, Schäden, die über einen längeren Zeitraum entstehen) führen.

b) **Temperaturfehler.** Als Temperaturfehler wird zum einen ein Fehler bezeichnet, bei dem durch Zugabe von warmem Wasser Desinfektionsmittel verstärkt verdunsten kann, zum anderen aber auch, wenn Desinfektionsmittel verstärkt dadurch verdunsten, dass die zu desinfizierende Fläche zu heiß ist (z. B. durch Sonneneinstrahlung).

c) **Seifenfehler.** Als Seifenfehler wird ein Fehler bezeichnet, der entsteht, wenn Desinfektionsmittel mit Seifen (Reinigungsmittelrückstände) gemischt werden. Dies führt unter Umständen dazu, dass Desinfektionsmittel ausflocken und nicht mehr für die Desinfektion zur Verfügung stehen.

d) **Eiweißfehler.** Wenn bei einer zu hohen Eiweißbelastung (Schmutz, Vorreinigung nicht erfolgt) das Desinfektionsmittel auf die Oberfläche aufgebracht wird, dann wirkt das Desinfektionsmittel auf die Eiweißrückstände und auf die Eiweißbestandteile, und nicht mit den Mikroorganismen.

e) **Benetzungsfehler.** Findet keine vollständige Benetzung der Oberfläche mit dem Desinfektionsmittel statt, dann spricht man von einem Benetzungsfehler. Ein optimaler Desinfektionserfolg kann dann nicht mehr gewährleistet werden. Bei der Handdesinfektion kann ein Ring den Desinfektionserfolg erheblich beeinträchtigen.

f) **Fehler bei der Einwirkzeit.** Bei der Desinfektion handelt es sich um ein Verfahren der Kinetik (bezeichnet den zeitlichen Ablauf von chemischen Reaktionen). Die Einwirkzeit muss zwingend eingehalten werden, um den Desinfektionserfolg zu gewährleisten.

g) **Absorptionsfehler.** Wenn Reinigungstextilien zu viel Wirkstoff des Desinfektionsmittels aufnehmen (absorbieren), spricht man von einem Absorptionsfehler.

18. Reinigungsarbeiten in Krankenhauszimmern

Die DIN 13063 legt einheitliche Vorgaben zur sach- und fachgerechten Reinigung im Krankenhaus fest. So beschreibt sie u. a. notwendige baulich-funktionelle und betrieblich-organisatorische Rahmenbedingungen der Einrichtungen sowie Anforderungen an die personelle Ausstattung beziehungsweise die Struktur und Sachkenntnis des Personals. Darüber hinaus definiert sie Verfahren sowie Art, Umfang und Häufigkeit der Reinigung und desinfizierenden Reinigung.

Die Reinigung eines Krankenhauszimmers könnte demnach in der Unterhaltsreinigung folgendermaßen aussehen:

a) Maßnahmen zur Fremd- und Eigensicherung treffen (Warnschild aufgestellt? PSA angelegt?).

b) Kontaktflächen (Schalter und Griffe) desinfizierend reinigen.

c) Kontaktflächen von Einrichtungsgegenständen desinfizierend reinigen.

d) Spendersysteme desinfizierend reinigen.

e) Patientenbett desinfizierend reinigen.

f) Mülleimer leeren und mit neuen Beuteln bestücken.

g) Bodenfläche desinfizierend reinigen. Wichtig: Ein Moppbezug pro Patientenzimmer, keine Keimverschleppung!

Sind Sanitärbereiche dem Patientenzimmer zugehörig, so ist hier im Ablauf gleichermaßen zu verfahren. Es ist darauf zu achten, dass der Sanitärraum separat betrachtet wird und keine Reinigungstextilien vom Patientenbereich in den Sanitärbereich gelangen, um Kreuzkontaminationen zu vermeiden.

Neben der klassischen Reinigungstätigkeit im Patientenzimmer darf hierbei nicht vergessen werden, welchen Wohlfahrtseffekt eine „für den Patienten positive Reinigung" für den Genesungsprozess haben kann.

Hierzu zählen also nicht nur die objektiv richtig und gut ausgeführte Reinigungsarbeit mit entsprechender Keimreduktion, sondern auch das persönliche Empfinden des Patienten selbst.

Für das „gute Bauchgefühl" im Krankenhaus sorgt das Reinigungspersonal dafür, dass eventuelle Keime fachlich eliminiert werden.

19. Hautschutzplan

Der Hand- und Hautschutzplan bezeichnet den für den Arbeitsplatz und die damit verbundene Tätigkeit zu verwendenden Hautschutz, die Hautpflege, Hautreinigung und Hautdesinfektion.

Gleichermaßen gehören auch für den Arbeitsbereich geeignete Schutzhandschuhe zum Hand- und Hautschutzplan. Der Hand- und Hautschutzplan muss auf einen definierten Arbeitsplatz zugeschnitten sein.

a) **Hautschutz bei Arbeitsbeginn**
   Desinfektion und Hautschutz, Handschuhe anziehen.

b) **Hautschutz vor einer Pause**
Einweghandschuhe entsorgen, Mehrweghandschuhe reinigen und desinfizieren, Desinfektion.

c) **Hautschutz nach einer Pause**
Desinfektion und Hautschutz.

d) **Hautschutz nach Arbeitsende**
Einweghandschuhe entsorgen, Mehrweghandschuhe reinigen und desinfizieren, Desinfektion, Hände reinigen, Hände gut abtrocknen, Hautpflegeprodukt auftragen.

20. Richtiges Aufsetzen der Schutzmaske

a) Längere Haare sollten zuerst zusammengebunden werden. Danach sind die Hände gründlich mit Seife und Wasser zu waschen und anschließend zu desinfizieren. Andernfalls werden möglicherweise Viren, die sich in den Haaren verfangen haben, auf die Maske übertragen und machen sie somit unbrauchbar.

b) Die beiliegende Gebrauchsanleitung ist zu lesen, und das Haltbarkeitsdatum ist auf der Verpackung zu prüfen.

c) Schutzmaske auf Beschädigungen und Risse prüfen.

d) Um die Schutzmaske anzulegen, ist die Verpackung zu öffnen und die Maske vorsichtig mit zwei Fingern am oberen Bereich zu greifen. Am oberen Bereich befindet sich meistens ein Draht, der zurechtgedrückt werden kann.
Die Schutzmaske von unten nach oben auf das Gesicht aufsetzen.

e) Hat die Schutzmaske zwei Kopfbänder pro Seite, dann das untere und obere Band über den Kopf ziehen. Das untere Band im Nacken platzieren. Das obere Band sollte sich oberhalb der Ohren befinden.

f) Wenn die FFP-Maske hingegen nur ein Kopfband pro Seite hat, ist dieses einfach über die Ohren zu streifen.

g) Nasenclip mit den Fingern etwas festdrücken, sodass die Schutzmaske eng anliegt.

h) Zum Schluss sollten die Nase, die Mundpartie und auch das Kinn nicht mehr sichtbar sein.

i) Beim Absetzen ist darauf zu achten, dass die Maske nicht berührt wird und in einem geschlossenen Abfallbehältnis entsorgt wird.

j) Danach gründlich die Hände mit Seife und Wasser waschen und anschließend desinfizieren.

21. Handschuhe, Trageweise und Tragedauer

Im Bezug auf Hygiene sind zu unterscheiden zwischen

- Einweghandschuhen und
- Mehrweghandschuhen.

Die am häufigsten verwendeten Materialien für Einweghandschuhe sind:

- Latex
- Nitril
- Vinyl

Latex und Vinyl haben sehr gute elastische Eigenschaften, jedoch sind beide Materialien nicht beständig gegenüber Lösemitteln.

Nitrilhandschuhe besitzen eine hohe Undurchlässigkeitsrate gegenüber Viren.

Vinyl besitzt eine gute Beständigkeit gegenüber Ölen, jedoch hat es eine wesentlich geringere Elastizität als Nitril und Latex, was sich bei mechanischer Beanspruchung negativ auswirkt.

Trageweise

Schutzhandschuhe müssen sachgerecht verwendet werden. Der Träger sollte daher einige Grundregeln beachten:

- Handschuhe mit sauberen, trockenen Händen anziehen.
- Bei stark schwitzenden Händen können diese zusätzlich durch das Tragen von dünnen Baumwollhandschuhen unter den eigentlichen Schutzhandschuhen vor Feuchtigkeit im Handschuh geschützt werden.
- Jeder Mitarbeiter muss über seine eigenen Handschuhe verfügen.
- Handschuhe dürfen nicht ausgeliehen werden.
- Schutzhandschuhe müssen sauber und trocken sein.
- Nach jedem Gebrauch gründlich von Verschmutzungen befreien und zum Trocknen nach außen gestülpt aufhängen, nach Möglichkeit mit einem Handschuhspanner.
- Ein beschädigter Handschuh muss unverzüglich entsorgt werden. Durch kleinste Öffnungen können Gefahrstoffe in den Handschuh gelangen. Auf kurze Fingernägel achten und vor dem Anziehen der Handschuhe Schmuck ablegen.
- Um das Eindringen von Flüssigkeit weiter zu minimieren, sind die Stulpen der Handschuhe umzuschlagen. So wird

sichergestellt, dass bei Arbeiten über Schulterhöhe keine Flüssigkeit in die Ärmel gelangt.
- Die vorgegebene/vorgeschriebene Tragedauer von Schutzhandschuhen ist einzuhalten.
- Einmalhandschuhe nach einmaligem Gebrauch unverzüglich entsorgen.

Die Tragedauer von Einweghandschuhen wird in den Sicherheitsdatenblättern im Abschnitt 8.2.2 angegeben. Hier werden Individuelle Schutzmaßnahmen zum Hautschutz angegeben, insbesondere zu Schutzhandschuhen und deren Beschaffenheit in der Form von Handschuhmaterial, der Materialstärke und der Durchbruchzeit (Permeationszeit).

Die Durchbruchzeit wird in Norm DIN EN 374-1 beschrieben. Sie beschreibt die Zeit, die der Gefahrstoff (die Chemikalie, die als Gefahrstoff klassifiziert wurde) vom Auftrag auf einen Handschuh bis zum Austreten der Chemikalie an der Innenseite benötigt.

22. Hygiene im Betrieb und beim Kunden

Was ist überhaupt Betriebshygiene? Betriebshygiene umfasst unabhängig vom Betrieb selbst alle Maßnahmen, die getroffen werden können, sollen oder müssen, um dafür zu sorgen, dass ein Mindestmaß an Hygiene eingehalten werden kann, sodass Mitarbeiter und Kollegen nicht erkranken.

Hierzu gehören unter anderem:

a) Tägliche Reinigung von Waschräumen, Toiletten und Küchen, um in den Bereichen, in denen grundsätzlich mit einem erhöhten Kontaktaufkommen zu rechnen ist, die Verschleppung von Keimen zu vermeiden.

b) Sicherstellung der vollen Funktionsfähigkeit sanitärer Räume. Exemplarisch seien hier fließendes Wasser, genügend Toilettenpapier, Seife sowie verschließbare Hygienebehälter und Toilettenbürsten aufgeführt.

c) Bereitstellung angemessener Reinigungs- und Desinfektionsmittel, z. B. in Spendern für Seife und Desinfektionsmittel.

d) Einmalhandtücher, Textilhandtuchautomaten oder Warmlufttrockner sollten vorhanden und sauber sein.

e) Es sollte eine regelmäßige Unterhaltsreinigung aller Betriebsräume stattfinden.

f) Einhaltung der hygienischen Vorschriften und Empfehlungen für Kühlschränke und Arbeitsflächen, gerade in Gemeinschaftsküchen.

g) Nutzung von Schutzmasken in Zeiten von erhöhter Gesundheitsgefährdung durch Übertragung von Infektionskrankheiten.

h) Entleeren und Säubern der Mülleimer im Zeitraum von 24 Stunden.

i) Ausgabe von Reinigungszubehör wie Einmalhandschuhen oder Haushaltshandschuhen.

j) Sanitärräume für Besucher und Mitarbeiter trennen.

k) Reinigung und Desinfektion von ortsgebundenen Maschinen mit allgemeinen Kontaktflächen wie z. B. Bedienelementen.

l) Reinigung und Desinfektion von ortsungebundenen Werkzeugen, auf die mehrere Mitarbeiter Zugriff haben oder die diese von vornherein benutzen.

23. Hygienemaßnahmen im Betriebs-Kfz

Gerade in Dienstwägen werden Hygienemaßnahmen oftmals vernachlässigt. Dies liegt zum einen daran, dass hier das Bewusstsein für Desinfektionsmaßnahmen nicht vorhanden ist, zum anderen aber auch die Notwendigkeit hierzu nicht erachtet wird.
Dennoch gibt es mehr Kontaktflächen in einem Fahrzeug, als auf den ersten Blick ersichtlich sind.

Hierzu eine kleine Hilfe:

a) Arbeitsunterlagen, wie Diensttelefon oder Laptop, aber auch Trinkbecher oder andere private Gegenstände entnehmen und gesondert desinfizieren.

b) Staub und kleinere Schmutzpartikel mittels feuchtem Reinigungstextil oder durch Staubsaugen entfernen.

c) Einsprühen des Wageninneren mit Desinfektionsmittel. Hierfür sprühen Sie vorsichtig das Desinfektionsspray auf alle Oberflächen mit den meisten Kontaktpunkten im Auto:
   - Lenkrad
   - Schalthebel
   - Mittelkonsole
   - alle Griffe im Innen- und Außenbereich
   - Bedienknöpfe
   - Handschuhfach
   - Rückspiegel
   - Sonnenblende
   - Sicherheitsgurte
   - Tankdeckel
   - Kofferraumklappe, auch Motorraumentriegelung.

d) Nicht jeder Reiniger ist für die Fahrzeuge geeignet. Besonders hochwertige Ausstattungen sollten Sie daher vorsichtig behandeln und das Desinfektionsmittel an unauffälliger Stelle zunächst testen.

24. Personalhygiene

Zur Personalhygiene gehört neben dem Waschen mit Seife und anschließendem Abtrocknen der Hände ebenso das Desinfizieren der Hände, sodass eine Übertragung von Keimen und Erregern verringert werden kann.

Darüber hinaus gehört saubere Kleidung ebenfalls zur Personalhygiene. Hierbei spielt es keine Rolle, ob es sich um klassische Arbeitskleidung („Blaumann") oder um Kleidung, die am Arbeitsplatz getragen wird, handelt. Zur Bekleidung gehört ebenso, dass das getragene Schuhwerk sauber ist. Zum einen, um einen erhöhten Schmutzeintrag zu vermeiden, zum anderen aber auch, um zu verhindern, dass mit dem Schmutz an oder unter den Schuhen weitere Mikroorganismen in ein Gebäude eingebracht werden.

In Abhängigkeit zum Unternehmen können unterschiedlich strenge Richtlinien im Bezug auf die Arbeitskleidung vorhanden sein, die einzuhalten sind. Das bezieht sich zum Beispiel auf den Lebensmittelbereich, Labore oder sonstige medizinische Einrichtungen.

Anweisungen bezüglich des Tragens von Schmuck, Haaren (Haarnetz, Haube oder Ähnliches) und Fingernägeln können ebenso vorgeschrieben werden, um die Personalhygiene aufrechtzuerhalten.

Je nach Relevanz gehören auch ärztliche Untersuchungen als Bestandteil von Hygienevorschriften zur Aufrechterhaltung der Personalhygiene.

Personalhygiene umfasst allerdings auch gleichermaßen die Tätigkeiten, die dazu dienen, eine Keimverschleppung zu vermeiden.

Benutzte Bekleidung ist ebenso wie das Schuhwerk aufzubereiten, um zu vermeiden, dass Keime über einen großen Zeitraum immer wieder in bestimmte Bereiche eingetragen werden.

Oftmals wird dabei ein wichtiger Faktor vergessen, die hygienische Reinigung von benutztem Schuhwerk.

- Maßnahmen zur Trocknung des Innenschuhs treffen,
- Reinigung der Schuhoberflächen,
- Maßnahmen zur Vermeidung einer Keimverschleppung über die Schuhsohlen.

25. Aufrechterhaltung der Hygiene durch ausreichende Handhygiene

Eine gute Handhygiene verhindert eine Vielzahl von Infektionskrankheiten. Die Hände als „Universalwerkzeug" kommen fast ständig in Kontakt mit Keimen, sei es über die üblichen Kontaktflächen wie Türgriffe, WC-Bereiche oder Handläufe an Treppen oder beim Streicheln von Tieren, Entsorgen von Abfällen oder dem noch nicht ganz aus der Mode gekommenen Händeschütteln.

Bei Berührungen im Gesicht können ohne ausreichende Handhygiene Krankheitserreger über die Schleimhäute von Mund, Nase und Augen in den Körper eindringen.

Wie schnell es zu einer Berührung im Gesicht kommt, sollte jeder einmal für sich selbst prüfen. Ein gedankenverlorenes Reiben der Nase, das Entfernen einer Wimper vom Auge, das Aufstützen des Kinns in der Handfläche, mit den Fingern einen Speiserest vom Mundwinkel entfernen etc. Eine beinahe endlose Liste, die hier aufgeführt werden könnte.

Um zu verhindern, dass Kollegen, Familienmitglieder und Freunde mit den Erregern in Kontakt kommen, ist es unbedingt notwendig, die Hände regelmäßig zu waschen. Eine Studie hierzu hat belegt, dass die Häufigkeit für Durchfallerkrankungen in Betrieben durch eine ausreichende Händehygiene um mindestens 50 % gesenkt werden kann.

Es wird daher empfohlen, die Hände insbesondere **nach** folgenden Ereignissen zu waschen:

- nachdem man zu Hause angekommen ist
- nach dem Benutzen der Toilette
- nach dem Wechseln von Windeln oder wenn man einem Kind nach dem Toilettengang bei der Reinigung geholfen hat
- nach dem Naseputzen, Husten oder Niesen
- nach dem Kontakt mit Abfällen
- nach dem Kontakt mit Tieren, Tierfutter oder tierischem Abfall.

Die Hände sollten unbedingt auch **vor** folgenden Ereignissen gewaschen werden:

- vor der Einnahme von Speisen, hierzu zählt auch der kleine Snack zwischendurch
- vor der Benutzung von Medikamenten, Kosmetikartikeln, Cremes etc.

Händewaschen wird empfohlen **vor und nach:**

- der Zubereitung von Speisen sowie öfter zwischendurch, besonders wenn man rohes Fleisch verarbeitet hat.
- dem Kontakt mit kranken Menschen.
- der Behandlung von Wunden, hierzu zählt auch ein Pflaster, das man einem Verletzten oder sich selbst aufbringt.

Wie bei der Desinfektion der Hände sollte auch beim Händewaschen darauf geachtet werden, dass alle Bereiche der Handflächen mit der Seife gereinigt werden können.

Also Fingerschmuck ablegen, Fingerzwischenräume, Fingerspitzen und den Handrücken nicht vergessen.

Nach dem Händewaschen (ca. 30 Sekunden die Hände mit Seife sanft einreiben) und dem anschließenden Abspülen der Seife unbedingt dafür sorgen, dass die Hände gut abgetrocknet werden!

Hände gut abtrocknen? Ja, damit sich verbleibende Mikroorganismen, die eine feuchte Umgebung bevorzugen, nicht wieder so schnell vermehren können. Die Reibung durch Handtücher entfernt hierbei zusätzlich weitere Keime.

26. Allgemeine Hygiene: Was kann jeder Einzelne tun?

Immer dann, wenn besondere Maßnahmen erforderlich werden, um Hygienestandards wiederherzustellen, hat man häufig bereits den ersten Schritt vergessen.

Umso wichtiger ist es, präventiv zu handeln. Was kann also jeder Einzelne bereits im Vorfeld tun, um sich und seine Mitmenschen zu schützen?

1) **Abstand halten**

2) **Ellbogen-Shake**
   Vorbei ist die „gute alte Zeit", in der das höfliche Kind aufgefordert wurde, jedem Gegenüber „artig" die Hand zu geben, egal ob diese schwitzig, ungewaschen oder einfach grundsätzlich unangenehm war.

Der „Ellbogen-Shake" zeigt einerseits eine persönliche Wertschätzung, anderseits hält diese neue Form der Begrüßung den Gegrüßten auf Distanz.

3) **Händedesinfektion**
Erst desinfizieren, dann waschen (wenn die Möglichkeit dazu besteht). Wer sich zuerst die Hände desinfiziert, verteilt beim Händewaschen weniger Keime im Umfeld.

Bei der Händedesinfektion ist darauf zu achten, dass mit einer ausreichendenden Menge (lieber zu viel als zu wenig!) alle Bereiche der Hände vollflächig bedeckt werden. Hierzu zählen auch die Fingerzwischenräume, die Fingerkuppen, das Nagelbett und die Handgelenke.

Wenn diese Bereiche vollflächig benetzt werden sollen, dann heißt das auch, dass Schmuck wie z. B. Ringe, Armbänder und Uhren abgelegt sein müssen.

4) **Tragen von Alltagsmasken**

Das Tragen von Alltagsmasken hat sich bereits während der Zeit der Spanischen Grippe (1918 - 1920) vor allem in Japan und danach in ganz Asien etabliert. Seinerzeit wurden Poster von der japanischen Regierung aufgehängt mit der Aufforderung: „Fürchten Sie die Erreger der Grippe!

Ohne Maske riskieren Sie Ihr Leben!" Heute wissen wir, dass die Alltagsmasken nicht den Träger, sondern das Umfeld der Träger schützen können. Dennoch ein probates Mittel des Schutzes, nicht nur bei Feinstaub!

5) **Händewaschen**
Händewaschen nicht vergessen!

6) **Nutzung von Büromaterial**
Die gemeinsame Nutzung von Büromaterial, egal ob Computermouse, Tastatur oder Stuhl, war lange Zeit üblich. Doch gerade hier befinden sich viele Kontaktflächen, und um eine Keimverschleppung zu vermeiden, ist gerade hier ein sorgsames Miteinander gefragt. Dem Kollegen kurz helfen am PC? Warum nicht mit Einmalhandschuhen? Kugelschreiber vergessen? Warum nicht kurz die Hände desinfizieren?

7) **Niesen in die Ellbogenbeuge**
Dass sich verschiedene Mikroorganismen gerne in Aerosolen tummeln und dementsprechend besonders weit beim Niesen verbreitet werden, ist seit einiger Zeit wohl bekannt.
Daher soll durch das Niesen in die Ellbogenbeuge vermieden werden, dass sich die Aerosole weiterverbreiten. Deswegen gilt „Hand vor den Mund beim Husten und Niesen" war gestern! Heute heißt es vielmehr: „Halte die Ellbogenbeuge vors Gesicht!"

27. Materialwartung

Wer sich mit Reinigung beschäftigt, der legt seinen Schwerpunkt auf die Reinigung. Also auf die Pflege und Sauberkeit von Oberflächen. Wenn es glänzt, dann war es der Gebäudereiniger! Aber wie wird denn das benutzte Werkzeug gereinigt? Viel zu häufig sind schmutzige Besen, Breitwischgeräte (Moppgestell), Eimer oder Reinigungskammern anzutreffen.

Auch hier tummeln sich Mikroorganismen, die eine hygienische Reinigung verhindern. Nur wenn auch das eingesetzte Werkzeug optimal gereinigt wird, kann ein optimales Ergebnis in der Reinigung erzielt werden.

28. Abklatschtest

Was ist eigentlich ein Abklatschtest? Wenn ein Nachweis über vorhandene Mikroorganismen erbracht werden soll, dann geschieht das über einen sogenannten Abklatschtest.

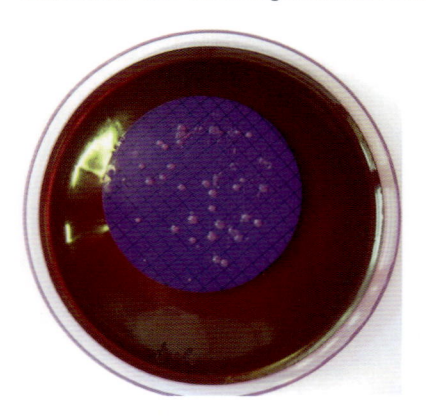

Hierbei kommt eine Petrischale (RODAC-Platte mit einer Fläche von 19,63 cm²) mit einem festen Nährmedium (das besteht zumeist aus Agar-Agar, das ist ein Verdickungsmittel) zum Einsatz.

Nach der Durchführung des Abklatschtests (siehe unten) findet eine Bebrütung im Brutschrank bei Idealtemperatur von 36 bis 37 °C statt. Hiernach können die koloniebildenden Einheiten (KBE) ausgezählt und bewertet werden.

Der Abklatschtest eignet sich zum Nachweis von Bakterien, Hefen und Pilzen.

Was sind KBE? Als koloniebildende Einheiten werden die zusammenhängenden und deutlich sichtbaren Verbindungen von Mikroorganismen bezeichnet, die sich nach der Bebrütung durch Wachstum und Vermehrung auf dem Nährmedium gebildet haben.

Die DIN 10516 mit Räumen, Gegenständen und Vorrichtungen in Betriebsstätten des Lebensmittelbereichs beschreibt zum Beispiel eine zu tolerierende Anzahl an KBE in Höhe von 25 KBE auf einer RODAC-Platte nach der durchgeführten Desinfektion, die eine Reinigung voraussetzt.

Durchführung des Abklatschtests mit einer RODAC-Platte:

- Prüfen der RODAC-Platte auf Haltbarkeit (Datum).
- Die zu beprobende Fläche sollte sauber und möglichst trocken sein.
- Die Oberfläche sollte nicht zu rau und gut zu erreichen sein.
- Auf eigene Hygiene achten, um das Ergebnis nicht zu verfälschen.
- Bei der Probenentnahme immer Handschuhe tragen.

Zur Probenentnahme:

- Nur den Boden beschriften, Deckel können evtl. vertauscht werden bzw. nach der Bebrütung nicht mehr zugeordnet werden.
- Zur Beschriftung gehören mindestens das Datum, Raum, Gegenstand und ein Namenskürzel.
- Den Nährboden mit einer leichten Rollbewegung über die zu prüfende Oberfläche führen. Dabei nicht drücken oder drehen.
- RODAC-Platte mit dem Deckel verschließen und zur Auswertung verbringen (muss innerhalb von 48 Stunden im Labor sein).

29. Unterschied Reinigungsmittel, Desinfektionsmittel und Desinfektionsreiniger

- **Reinigungsmittel**

Reinigungsmittel reinigen und entfernen organische und mineralische Verschmutzungen. Reinigungsmittel haben eine exzellente Reinigungswirkung und lösen unter der Zuhilfenahme einer geeigneten Mechanik (Reinigungstextil, Bürste o. Ä.) die organischen Verschmutzungen (Fette und Proteinschmutz) oder mineralischen Verschmutzungen (Kalk), je nach ph-Wert des Reinigungsmittels. Der angelöste Schmutz wird anschließend mitsamt den Tensiden durch Abspülen, Aufsaugen oder im zweistufigen Wischverfahren (1 x nass, 1 x trocken) entfernt. Durch die Anwendung von Reinigungsmitteln findet keine Desinfektion statt, sondern nur eine allgemeine Reduktion der vorhandenen Keime/Mikroorganismen.

- **Desinfektionsmittel**

Sie sind vor allem zur Bekämpfung von Mikroorganismen auf Oberflächen zuständig. Durch organische Bestandteile kann die Wirkung der meisten Desinfektionsmittel mittel bis stark eingeschränkt werden (Eiweißfehler/Proteinfehler), deshalb benötigen sie eine gründliche Vorreinigung.

Da die in Desinfektionsmitteln vorhandenen wirkaktiven Substanzen (Inhaltsstoffe) auf den gereinigten Oberflächen „liegen" gelassen werden können, haben sie je nach Wirkstoffart neben der desinfizierenden auch noch eine gewisse konservierende bzw. bakteriostatische Wirkung (zum Beispiel durch Zugabe von Silberionen). Diese lang anhaltende Desinfektionswirkung ist in vielen Anwendungsbereichen ein positiver Nebeneffekt.

- **Desinfektionsreiniger**

Desinfektionsreiniger bzw. Desinfektions-Reinigungsmittel sind Kombinationen aus Desinfektions- und Reinigungskomponenten. Sowohl die Desinfektion als auch die Reinigung können somit in einem einzigen Arbeitsgang durchgeführt werden. Sie sind deshalb besonders gut für Oberflächen (und auch Rohrleitungen) geeignet, die nur in geringem Umfang mit organischen Bestandteilen belastet sind. Bei starker Verschmutzung oder in Bereichen, in denen von einer Keimbelastung ausgegangen werden kann, ist jedoch eine zweistufige Reinigung und Desinfektion der Reinigung mit Desinfektionsreinigern vorzuziehen.

Wo werden Desinfektionsreiniger bevorzugt eingesetzt?

Desinfektionsreiniger können ihren größten Vorteil, die Zeitersparnis, dort am besten ausspielen, wo kleinere Oberflächen oder der Boden rasch behandelt werden müssen. Das können z. B. Untersuchungsliegen/Untersuchungstische in einem Hospital oder einer Arztpraxis sein, aber auch Trainingsgeräte in einem Fitnessstudio.

Weitere beliebte Anwendungsbereiche sind
- Haushalt,
- Krankenhaus, je nach Festlegung durch die Hygienekomission,
- Praxis,
- Wellnesszentrum,
- Kosmetik- und Piercingstudio,
- Lebensmittelindustrie,
- Hotels,
- öffentliche Toiletten,
- Tätowier- und Piercinggeschäfte,
- Nagelstudios,
- Fußpflege-/Podologiepraxen.

Also überall dort, wo kleine Flächen und Böden (bevorzugt aus Keramik, Emaille, Edelstahl, Metall, Glas, Stein, Kunstleder und Kunststoff) auf eine Reinigung und Desinfektion warten. Desinfektionsreiniger bieten einen zeitlichen Vorteil in allen Bereichen, wo nicht davon ausgegangen werden muss, dass es zu einer Kontamination gekommen ist.

Welche Vorteile haben Desinfektionsreiniger bei der Desinfektion gegenüber „reinen" Desinfektionsmitteln?

Die meisten Desinfektionsmittel haben nur eine beschränkte „Eindringkraft", sobald sie auf angetrocknete Schmutzschichten oder Verunreinigungen treffen. Diese Schmutzschichten können einerseits Mikroorganismen bedecken, andererseits mit Desinfektionsmitteln reagieren, sodass ein großer Teil der Desinfektionswirkung schon verpufft, bevor das Desinfektionsmittel die Keime erreichen kann. Besonders schwierig ist das bei Blut oder eingetrockneten Körpersekreten. Auch Hautfettablagerungen auf Oberflächen und am Boden bieten Keimen einen zuverlässigen Schutz gegen die Wirkungsmechanismen einer Desinfektion (siehe Desinfektionsfehler).

Desinfektionsreiniger haben hier den Vorteil, dass die enthaltenen Tensid- bzw. Reinigungskomponenten solche Schmutzschichten oder Verunreinigungen auflösen und somit dem Desinfektionsmittel ungehindert Zugang zu den Mikroorganismen gewähren können. Zudem haben die meisten in Desinfektionsreinigern enthaltenen Tenside die positive Eigenschaft, auch selbst schon über gewisse desinfizierende Wirkung zu verfügen. Zum Beispiel, indem sie die Zellwände von Mikroorganismen aufbrechen und durchlässig machen. In Desinfektionsreinigern unterstützen und verstärken die Reinigungskomponenten die Desinfektionsmittelanteile also maßgeblich.

Welche störenden Eigenschaften können Desinfektionsreiniger bei falscher Anwendung aufweisen?

Desinfektions-Reinigungsmittel enthalten Tenside. Dies bedeutet, dass sie auf der Oberfläche immer gewisse Rückstände hinterlassen. In einigen Fällen, wie z. B. auf einem Fußboden, kann sich bei Überdosierung von Desinfektions-Reinigungsmitteln nach dem Eintrocknen ein deutlicher Klebeeffekt bemerkbar machen. Aus diesem Grund ist auch hier die vom Hersteller vorgegebene Dosierung zwingend einzuhalten.

Die Praxis hat gezeigt, dass dies vor allem dann der Fall ist, wenn unkundige oder ungeschulte Anwender die desinfizierende Wirkung verstärken bzw. die Einwirkzeit verkürzen wollen und deshalb überdosieren. Die korrekte Dosierung ist also speziell bei konzentrierten Desinfektionsreinigern sehr wichtig. Besondere Berücksichtigung finden Desinfektionsreiniger bei der Anwendung in der Lebensmittelindustrie. Desinfektionsreiniger müssen bei Oberflächen, welche mit Lebensmitteln in Berührung kommen können, zwingend mit Wasser in Trinkwasserqualität nachgespült werden. Dies ist aber nicht nur ein zusätzlicher Arbeitsgang, sondern schließt diese Oberflächen auch als eine mögliche Rekontaminationsquelle aus.

Wie werden Desinfektionsreiniger bevorzugt angewendet?

Im Gegensatz zu Desinfektionsmitteln, welche u. U. auch per Sprühdesinfektion auf die Oberflächen aufgebracht werden können, sollten Desinfektionsreiniger grundsätzlich ausschließlich in Kombination mit einer geeigneten Mechanik verwendet werden. Also z. B. Reinigungstextilien, Papiertuch, Mopp etc. als Applikatoren. Die abgelösten Schmutzbestandteile lösen sich nicht in ihre Bestandteile auf, sondern müssen umhüllt und entfernt werden. Diese Aufgabe übernehmen die Fasern des Applikators. Wird ausnahmsweise auf Sprühen als Aufbringungsmethode gesetzt, muss zwingend nachgewischt werden.

Eine verbreitete und in der Praxis bewährte Methode ist die Applikation mittels vorgetränkter Mopps. Die Mopps werden in Bündeln zu 5 oder 10 Stück vor der Anwendung mit der Desinfektionsreiniger-Lösung getränkt (Achtung, jeder Mopp darf nur einmal in der fertig angesetzten Lösung eingetaucht werden) und dann für eine vorher definierte Bodenfläche genutzt, bevor sie der textilen Aufbereitung durch Waschen zugeführt werden. Das garantiert nicht nur beste Reinigungsergebnisse, sondern verhindert auch Kreuzkontaminationen und Keimverschleppungen.

Desinfektionsreiniger werden immer dann eingesetzt, wenn es zu einer sichtbaren (Blut-) oder bekannten Kontamination gekommen ist. Gerade hier ist die vom Hersteller vorgeschriebene Einwirkzeit einzuhalten.

30. Tipps zur Anwendung und Einwirkzeit von Desinfektionsmitteln

a) Einhalten der Arbeitsschutzbestimmungen, PSA, Schutz umliegender Flächen, Schild „Rutschgefahr" nicht vergessen!
b) Vorreinigung der zu desinfizierenden Oberfläche zur Entfernung vorhandener Verschmutzungen.
c) Auswahl des Desinfektionsmittels nach folgenden Eigenschaften:

- Wirkungsspektrum (wogegen soll das Produkt wirken?).
- Temperaturbereich beachten, in dem das Desinfektionsmittel wirkt.
- Einwirkzeit (kann die Einwirkzeit aufgrund der Objektnutzung eingehalten werden?).
- Zu treffende Schutzmaßnahmen für den Anwender.

d) Prüfen der Haltbarkeit des Desinfektionsmittels. Die Haltbarkeit gibt an, bis zu welchem Datum der Hersteller garantiert, dass sein Produkt die ausgelobten Eigenschaften besitzt.
e) Dosierung wählen! Unterdosierung unbedingt vermeiden! Die Menge der anzusetzenden Desinfektionsflotte der zu desinfizierenden Fläche anpassen.
f) Auf vollständige Benetzung achten, keine „runden Ecken"!
g) Genügend Desinfektionsflotte auftragen, dabei darauf achten, dass keine zu stark absorbierenden Reinigungstextilien verwendet werden.
h) Benutzte Reinigungstextilien nicht erneut in die Desinfektionsflotte einbringen.
i) Einwirkzeit berücksichtigen und für spätere Nutzer kenntlich machen.
j) Dokumentation zur Desinfektion erstellen.

31. Hygieneplan

Ein Hygieneplan im Sinne des Infektionsschutzgesetzes ist ein in medizinischen Einrichtungen (§ 23 Abs. 5 IfSG) und Gemeinschaftseinrichtungen (§ 36 IfSG) gesetzlich vorgeschriebenes Dokument, in dem die betriebliche Verfahrensweise zur Wahrung der Infektionshygiene festgelegt wird. Der Aufbau und Inhalt werden dabei nicht vorgegeben, sie sind jedoch regelmäßig zu überprüfen und zu aktualisieren.

Der Hygieneplan muss den Mitarbeitern in regelmäßigen Schulungen vermittelt werden. Dabei müssen die Mitarbeiter jederzeit Zugriff auf den Hygieneplan haben.

Ein Hygieneplan muss unter anderem erstellt werden für:

- Kindertageseinrichtungen
- Kinderhorte
- Schulen und sonstige Ausbildungseinrichtungen
- Heime
- Ferienlager
- Kindertagespflegen
- Obdachlosenunterkünfte
- Einrichtungen und Unternehmen, bei denen die Möglichkeit besteht, dass durch Tätigkeiten am Menschen durch Blut Krankheitserreger übertragen werden.

32. Verweis auf DIN Krankenhaushygiene

Die DIN 13063 soll die Krankenhausreinigung regeln. Hierbei soll darauf geachtet werden, dass auf Grundlage der Bewertung eines Infektionsrisikos entsprechende Grundlagen für die sach- und fachgerechte Reinigung geschaffen werden.

Die wichtigsten Inhalte hierbei sind:

- Anforderungen an die Funktionalität des Gebäudes,
- Anforderungen an die Fachkenntnisse des Personals,
- Anforderungen an die Ausstattung mit Material,
- Verfahren zur Reinigung und desinfizierenden Reinigung,
- Benennung des Umfangs der Unterhaltsreinigung,
- Festlegen von Prüf- und Messmethoden zur Überprüfung der Krankenhausreinigung,
- Festlegung von Mindestanforderungen im Leistungsverzeichnis.

33. Verweis auf Schulreinigung

Die Mindestanforderung an Schulreinigung wird in der DIN 77400 geregelt. Sie schreibt unter anderem vor, dass in hygienisch anspruchsvollen Bereichen, wie zum Beispiel in Küchen und Schwimmhallen, Desinfektionsmittel zum Einsatz kommen sollen.

Darüber hinaus sollen Dekontaminationsmaßnahmen durchgeführt werden, wenn Flächen mit Blut, Erbrochenem oder Fäkalien verschmutzt sind.

Auf Desinfektionsmittel darf nicht verzichtet werden, wenn dies im Hygieneplan festgelegt wurde.

34. Abfallentsorgung

Besonders in der Gebäudereinigung geht es bei der Durchführung von Reinigungsarbeiten in hygienisch relevanten Bereichen neben einer „sauberen" Arbeitsleistung auch um den Mitarbeiterschutz, der besonders im Bereich Abfall zu beachten ist.

Dabei ist die Verbringung von „Müll", aber auch die Entsorgung von „Müll" gar nicht so einfach, denn **die eine** Vorschrift dazu gibt es nicht.

Damit mögliche Gefahren und ein Infektionsrisiko vermindert werden können, sind die Richtlinien hierzu einzuhalten, die im Folgenden stark vereinfacht dargestellt sind.

Grundlage des Abfallrechts bildet die Richtlinie 2008/98/EG, die inoffiziell „Abfallrahmenrichtlinie" genannt wird. Diese europäische Richtlinie wurde von jedem einzelnen Mitgliedstaat der EU in nationales Recht umgesetzt. In Deutschland findet man diese Umsetzung im Kreislaufwirtschaftsgesetz, kurz **KrWG** genannt. Hieraus resultieren dann die Abfallverzeichnisverordnung (**AVV,** Mülltrennung nach Schlüsselnummern) und auch die Nachweisverordnung (**NachwV,** Bestimmung über Nachweispflicht von Abfallentsorgung).

Für das Gesundheitswesen ist seit 2009 die **Vollzugshilfe zur Entsorgung von Abfällen aus Einrichtungen des Gesundheitsdienstes** zuständig. Diese Vollzugshilfe regelt vor allem über die Anlage 1 neben dem Abfallschlüssel die dazugehörige Abfalldefinition, die Anfallstelle, deren Bestandteile, die Sammlung-Bereitstellung sowie die Entsorgung.

- **Abfallschlüssel:** sechsstelliger Schlüssel zur Abfallverzeichnisverordnung. Das Kapitel 18 der AVV listet die Abfallschlüssel für Abfälle aus humanmedizinischer und tierärztlicher Versorgung und Forschung auf.

- **Abfallbezeichnung:** Art des Abfalls gemäß Anhang zur Abfallverzeichnisverordnung.

- **Abfalleinstufung:** Auskunft über die Gefahr, die vom Abfall ausgeht. Ist der Abfall gefährlich oder nicht gefährlich?

- **Abfalldefinition:** Beschreibung der Art des Abfalls.

- **Anfallstelle:** beschreibt, wo der Abfall anfällt bezogen auf die Örtlichkeit.

- **Bestandteile:** beschreibt, woraus der Abfall besteht.

- **Sammlung-Bereitstellung:** gibt Hinweise darauf, wo/wie der Abfall zum Zeitpunkt des „Anfallens" gesammelt werden muss, z. B. Sammlung von Kanülen in einem stich- und bruchfesten Einwegbehältnis.

- **Entsorgung:** Hinweise zur Entsorgung, z. B. gesonderte Beseitigung von Organabfällen in zugelassener Sonderabfallverbrennung.

35. Schädlinge in der Hygiene

Hygieneschädlinge sind Tierarten, die durch Kontakte Krankheiten auf den Menschen übertragen können. Daher werden sie auch Gesundheitsschädlinge genannt.

Aber auch Schädlinge, die Krankheiten über den Kontakt mit Lebensmitteln oder über Ausscheidungen Krankheiten auslösen können (Schadnager, Tauben), gehören zu den Hygieneschädlingen.

Bei der Bekämpfung ist darauf zu achten, dass die Bestimmungen der Technischen Regeln die Grundlage für die Bekämpfung von Schädlingen sind. Das ist unter anderem in der Technischen Regel für Gefahrstoffe (TRGS) 523, dem § 15 d der Gefahrstoffverordnung (GefStoffV), dem § 11 Tierschutzgesetz und im § 2 Pflanzenschutz-Sachkundeverordnung geregelt.

Aufgrund der im Taubenkot enthaltenen krankheitserregenden Mikroorganismen (Bakterien, Hefen und Pilze) sind besondere Schutzmaßnahmen incl. Gefährdungsbeurteilung einzuhalten, wenn Tätigkeiten zur Entfernung durchgeführt werden. Näheres regelt hierzu die DGUV-Information 201-031 „Handlungsanleitung zur Gefährdungsbeurteilung nach Biostoffverordnung (BioStoffV) – Gesundheitsgefährdungen durch Taubenkot".

Die Vermeidung von Hygieneschädlingen ist dabei besser als deren Bekämpfung.

Reinigungsarbeiten und der sorgfältige Umgang mit Lebensmitteln (nach Möglichkeit unter Verschluss halten) sind hier als Präventivmaßnahmen besonders hilfreich.

Darüber hinaus können objektbezogene Maßnahmen getroffen werden, die die Möglichkeit des Eindringens in ein Objekt verhindern (Ersetzen von defekten Kellerfenstern etc.) oder das Spannen von Netzen zur Verhinderung, dass Tauben auf Fassadenelementen landen können.

36. Gefährdungsbeurteilung

Durch die Gefährdungsbeurteilung sollen vorausschauend Gefährdungen erkannt und abgestellt werden, bevor sie zur Gefahr bzw. Gesundheitsgefahr werden. Mit dieser Beurteilung beginnt der Schutz von Sicherheit und Gesundheit der Arbeitnehmer am Arbeitsplatz.

Verpflichtung

Gemäß Arbeitsschutzgesetz und der Berufsgenossenschaftlichen DGUV-Vorschrift 1 ist der Arbeitgeber verpflichtet, für Sicherheit und Gesundheit der Beschäftigten am Arbeitsplatz zu sorgen. Arbeitsschutz ist immer Chefsache!

Das wichtigste Instrument zur Umsetzung dieser Verpflichtung ist die Gefährdungsbeurteilung. Die Gefährdungsbeurteilung kann vom Arbeitgeber selbst oder von zuverlässigen und fachkundigen Personen, die gesondert damit beauftragt werden, durchgeführt werden. Eine Beauftragung sollte immer schriftlich erfolgen und genau beschreiben, welche Aufgaben und Kompetenzen übertragen werden. Die rechtliche Verantwortung für die Beurteilung bleibt aber in jedem Fall beim Arbeitgeber. Er ist verpflichtet, die Durchführung zu kontrollieren.

Durchführung

Es gibt keinen vorgeschriebenen Weg für die Durchführung einer Gefährdungsbeurteilung. Vielmehr sollen sich Umfang und Methodik der Gefährdungsbeurteilung immer an den konkreten betrieblichen Gegebenheiten und Voraussetzungen orientieren.

In der Praxis haben sich folgende Schritte bewährt:

- Vorbereiten der Gefährdungsbeurteilung,
- Ermitteln der Gefährdungen,
- Beurteilen der Gefährdungen,
- Festlegen konkreter Arbeitsschutzmaßnahmen,
- Durchführen der Maßnahmen,
- Überprüfen der Durchführung und der Wirksamkeit der Maßnahmen,
- Fortschreiben der Gefährdungsbeurteilung und
- Dokumentation.

Nach dem Arbeitsschutzgesetz (ArbSchG) besteht in Unternehmen unabhängig von ihrer Betriebsgröße eine Dokumentationspflicht. Danach muss der Arbeitgeber über Unterlagen verfügen, die das Ergebnis der Gefährdungsbeurteilung, die darauf gestützten Maßnahmen des Arbeitsschutzes und das Ergebnis ihrer Überprüfung dokumentieren. Vorgaben zur Art der Unterlagen gibt es nicht. Der Arbeitgeber kann die für seinen Betrieb am besten geeignete Unterlagenart verwenden und die Dokumentation in Papierform, aber auch in digitaler Form durchführen. Zu beachten ist, dass Arbeitsschutzvorschriften spezielle Anforderungen an die Dokumentation enthalten können, z. B. die Betriebssicherheitsverordnung oder die Gefahrstoffverordnung.

37. Pandemieplan

Bereits im Jahre 1993 wurde im Rahmen eines internationalen Symposiums eine weltweite Influenza-Pandemieplanung gefordert. Die WHO (Weltgesundheitsorganisation) hat hierzu 1999 einen Musterplan zur Grundlagenplanung veröffentlicht. Der Nationale Pandemieplan ist Teil der Nationalen Katastrophenvorsorgeplanung.

Im Zuge der Corona-Pandemie sind in vielen kleineren Bereichen (Landkreise, Städte, Betriebe etc.) Pandemiepläne erstellt worden.

Hierzu hat die DGUV (Deutsche Gesetzliche Unfallversicherung) in Verbindung mit dem VDBW (Verband Deutscher Betriebs- und Werksärzte e. V.) folgende zehn Tipps zur Erstellung eines Pandemieplans kurz zusammengefasst und herausgegeben:

a) **Ansprechpartner festlegen**
Im Pandemieplan sollte das Unternehmen Ansprechpartner benennen und diese im Betrieb bekanntmachen. Sie sollen im Krisenfall als Ansprechpartner für die Arbeitskollegen zur Verfügung stehen. In größeren Betriebe kann dies auch durch einen Krisenstab geschehen. Bei der Planung sollten Unternehmen betriebliche Interessenvertreter einbeziehen.

b) **Beschäftigte über Pandemieplan informieren**
Im zweiten Schritt sollten Unternehmen ihre Beschäftigten über den betriebsinternen Pandemieplan einschließlich vorbeugender Maßnahmen informieren. Die Anweisungen sollten die Unternehmen klar und sachlich formulieren. Mit einem Pandemieplan kann auch beim Ausfall vieler Beschäftigter das Kerngeschäft aufrechterhalten werden.

c) **Informationen des Gesundheitsschutzes beachten**
Unternehmen können sich bei Betriebsärzten, Fachkräften für Arbeitssicherheit, Unfallversicherungsträgern und Gesundheitsämtern über die von Bund und Ländern herausgegebenen Empfehlungen zur Pandemieplanung informieren. Weitere Informationen, insbesondere Empfehlungen bei Auslandsreisen, sind über das Robert-Koch-Institut, die Weltgesundheitsorganisation (WHO) und das Auswärtige Amt erhältlich.

d) **Kerngeschäft definieren und Personaleinsatz planen**
Unternehmen sollten den Personaleinsatz planen für den Fall, dass viele Beschäftige gleichzeitig ausfallen. Dabei ist wichtig zu definieren, wer wessen Aufgaben übernehmen könnte. Wer Prioritäten setzt, kann trotz Personalausfällen das Kerngeschäft aufrechterhalten.

e) **Vorsichtsmaßnahmen bei Dienstreisen**
Im Pandemiefall sollten Unternehmen prüfen, ob Dienstreisen oder Tagungen durch Telefon- oder Videokonfe-

renzen ersetzt werden. Sind Dienstreisen erforderlich, sollten die Unternehmen die Reisenden über Hygiene- und Notfallmaßnahmen während der Reise informieren. Wer von Auslandsreisen zurückkehrt, sollte im Homeoffice arbeiten, bis die Inkubationszeit ohne Erkrankung vorbei ist.

f) **Hygienisches Verhalten am Arbeitsplatz**
Unternehmen sollten ihre Beschäftigten für hygienisches Verhalten am Arbeitsplatz sensibilisieren und unterweisen. Sie können Waschmöglichkeiten und -lotionen für die Hände bereitstellen und diese Materialien rechtzeitig bevorraten. Generell sollten Beschäftigte unnötige Handkontakte vermeiden und Abstand zueinander halten. Sinnvoll ist auch, alle Arbeitsräume mindestens viermal täglich zu lüften.

g) **Impfungen schützen**
Impfungen können bei Epidemien schützen, nicht nur den Geimpften, sondern auch dessen Umgebung.

h) **Umgang mit Erkrankten während Arbeitszeit**
Der Pandemieplan sollte Anweisungen enthalten, wie Kollegen mit Beschäftigten umgehen sollten, die während der Arbeit Krankheitssymptome zeigen, und was die Kontaktpersonen beachten sollten.

i) **Erkrankungen nicht verbreiten**
Beschäftigte, die Krankheitssymptome haben, sollten zu Hause bleiben. Treten in der Familie Erkrankungen auf, sollten Arzt und Arbeitgeber gemeinsam entscheiden, ob der Beschäftigte zu Hause bleiben sollte.

j) **Pandemieplanung regelmäßig überprüfen**
Arbeitgeber sollten ihren Pandemieplan etwa halbjährlich überprüfen. Dabei sollten sie aktuelle Entwicklungen und Empfehlungen der Gesundheitsbehörden berücksichtigen und Ansprechpartner bei Personalwechseln aktualisieren.

Weiterführende Literatur und Quellen

- www.sanosil.com
- www.amfora-health-care.de
- www.beuth.de
- www.borgstedt-akademie.de
- www.bhuk.de
- www.stmgp.bayern.de
- ww.mags.nrw
- VAH-Liste der Desinfektionsmittel
- DIN 13063 „Krankenhausreinigung - Anforderungen an die Reinigung und desinfizierende Reinigung in Krankenhausgebäuden und anderen medizinischen Einrichtungen"
- DIN 10523 „Lebensmittelhygiene – Schädlingsbekämpfung im Lebensmittelbereich"
- Betriebsanweisung gemäß § 14 BioStoffV - Gebäudereinigungsarbeiten mit Infektionsgefahr im Gesundheitsdienst
- Baustein – Arbeitsverfahren C 333
- Baustein – Arbeitsverfahren C 336
- Baustein – Arbeitsverfahren C 476
- Baustein – Persönliche Schutzausrüstungen E 609
- BGI 892
- Gesundheitsgefährdungen durch Taubenkot
- Handlungsanleitung zur Gefährdungsbeurteilung nach Biostoffverordnung (BioStoffV)
- DGUV Regel 101-004 (bisher BGR 128)
- DGUV Regel 101-017 (bisher BGR 208)
- DGUV Regel 112-194 (bisher BGR/GUV-R 194)

- DGUV Grundsatz 312-190
- DGUV Regel 101-018 (bisher BGR 209)
- Mitteilung des Robert Koch-Instituts zur Aufnahme von Reinigungs- und Desinfektionsgeräten in die Liste der geprüften und anerkannten Desinfektionsmittel und -verfahren gemäß § 18 IfSG, Bundesgesundheitsblatt – Gesundheitsforschung – Gesundheitsschutz
- Infektionsschutzgesetz
- LMHV – Lebensmittelhygieneverordnung
- Anforderungen an die Hygiene bei der Reinigung und Desinfektion von Flächen
- Empfehlung der Kommission für Krankenhaushygiene und Infektionsprävention beim Robert Koch-Institut (RKI)

Der Autor

Sascha Hintze, 07.11.1973, tr... Abitur in die B... anschließender Verpflichtung ein. Nach der Ausbildung zum Fallschirmjägeroffizier und dem Austritt aus dem aktiven Dienst erfolgt die Ausbildung zum Gebäudereinigermeister, anschließend die Ausbildung zum Sachverständigen mit Zertifizierung nach DIN ISO 17024 und eine weitere Ausbildung über die Handwerkskammer mit der öffentlichen Bestellung zum Sachverständigen für das Gebäudereinigerhandwerk.
Seit 2007 als Trainer, Seminarleiter und Privatdozent tätig. Seit 2008 Erstellung von Privat-, Gerichts- und Versicherungsgutachten.

MEIN SCHLÜSSEL ZUM ERFOLG
„Leidenschaft statt Listen!"

Am Sickeskreuz 12a, 47877 Willich
Tel. 0177 7791717
hintze@sachverstaendigenbuero-hintze.de
www.sachverstaendigenbuero-hintze.de